# RECHERCHE DES USURPATEURS

DES

# TITRES DE NOBLESSE

## Dans la généralité de Lyon

### 1696 – 1718

PUBLIÉE D'APRÈS LE MANUSCRIT ORIGINAL

PRÉCÉDÉE D'UNE NOTICE ET SUIVIE D'UNE TABLE

PAR

## V. de VALOUS

Ancien Bibliothécaire

## LYON

A LA LIBRAIRIE ANCIENNE D'AUGUSTE BRUN

*13, rue du Plat, 13*

### 1882

# RECHERCHE DES USURPATEURS

DES

# TITRES DE NOBLESSE

*Dans la généralité de Lyon*

1696 - 1718

# PUBLICATIONS DE L'AUTEUR

*(Toutes du format in-8o et imprimées à Lyon).*

---

*Tableau des preuves de l'antiquité du droit municipal en France.* Lᵉ Perrin, 1852, 120 exemplaires.

*Les anciens Hôtels de ville de Lyon.* Mougin-Rusand, 1862, 120 exemplaires.

*Lettre sur l'étymologie de la Guillotière.* Mougin-Rusand, 1863, 100 exemplaires.

*Les Origines des familles consulaires de Lyon.* Mougin-Rusand, 1863, 225 ex.

*Essai d'un nobiliaire Lyonnais.* Mougin-Rusand, 1864, avec supplément, 250 ex.

*Le domaine ordinaire de Lyonnais au xviᵉ siècle.* A. Vingtrinier, 1865, 70 ex. (Extr. de la *Revue du Lyonnais*).

*Etienne Turquet et les Origines de la fabrique lyonnaise.* Mougin-Rusand, 1868, supplément et trois notes additionnelles, 500 exemplaires.

*Anoblissement d'un mineur Lyonnais en 1398.* Vingtrinier, 1872, 50 exempl. (Extr. de la *Revue du Lyonnais*).

*Charte des libertés de Châtillon-d'Azergues.* 2ᵉ édit. Vingtrinier, 1872, 40 ex. (La première édition était extraite de la *Revue du Lyonnais*).

*Document sur le séjour de Rabelais à Lyon.* Mougin-Rusand, 1873, 50 exempl. 2ᵉ édition, refondue, sous ce titre : *Rabelais à Lyon.* Storck, 1881. (Extr. de *Lyon-Revue*), 100 exemplaires.

*Inventaire des livres d'un abbé de Valbenoite.* Mougin-Rusand, 1875, 120 ex.

*Notice sur Quincarnon et sa famille.* Cartay, 1877. (Extr. de la *Revue du Lyonnais*), 90 exemplaires.

*Inventaire du trésor de l'église de Lyon en 1448 et 1724.* Mougin-Rusand, 1876, 120 exemplaires.

*Inventaire d'un curé de Vaise en 1374.* Mougin-Rusand, 1879. (Extr. de la *Revue du Lyonnais*), 60 exemplaires.

*Inventaire des biens d'un serrurier lyonnais en 1372.* Mougin-Rusand, 1880. (Extr. de la *Revue du Lyonnais*), 60 ex.

*La chapelle de St-Jacquème.* Mougin-Rusand, 1881, 3 pl., 150 exemplaires.

*Citoyens et bourgeois de Lyon à diverses époques :* 1º *La précosisation;* 2º *L'ancienne administration consulaire a-t-elle été gratuite* (ces deux fascicules extr. de la *Revue du Lyonnais*, 1876 et 1878), 80 exempl.; 3º *Famille de Chaponay.* Mougin-Rusand, 1882, 200 ex.; 4º *Les terriers*, Pitrat, 1882. (Extr. de la *Revue lyonnaise*), 100 ex. (d'autres fascicules sont en préparation).

---

# RECHERCHE DES USURPATEURS

DES

# TITRES DE NOBLESSE

## Dans la généralité de Lyon

### 1696 - 1718

PUBLIÉE D'APRÈS LE MANUSCRIT ORIGINAL

PRÉCÉDÉE D'UNE NOTICE ET SUIVIE D'UNE TABLE

PAR

## V. de VALOUS

Ancien Bibliothécaire

## LYON,

A LA LIBRAIRIE ANCIENNE D'AUGUSTE BRUN

*13, rue du Plat, 13*

### 1882

LYON. — IMP. MOUGIN-RUSAND, RUE STELLA, 3

# NOTICE PRÉLIMINAIRE

---

Le second ordre de l'Etat jouissait à l'origine de tant d'honneurs, de privilèges et d'exemptions ; il formait une classe accessible, mais tellement séparée du Tiers-Etat, que lorsque tous ses membres ne furent plus assujettis au service militaire, c'est-à-dire au sacrifice permanent de la vie, l'intérêt et la vanité portèrent une foule de personnes à usurper les droits et les privilèges des nobles sans en courir les charges et les périls, et à s'exempter des impositions. Les usurpations audacieusement multipliées pendant les guerres civiles des XVIe et XVIIe siècles devinrent préjudiciables non seulement à la noblesse qu'elles dégradaient, mais au peuple sur lequel les charges publiques retombaient. Le pauvre accablé payait la dette de l'usurpateur adroit. A diverses époques les rois prirent des mesures sages et utiles pour remédier à ces désordres funestes à la nation. Outre les *monstres* ou revues des gentilshommes dans chaque province par les grands sénéchaux et les baillis, il y eut des recherches, les unes particulières à certaines provinces, les autres générales, ordonnées soit pour les francs-fiefs et les tailles, soit pour le service des bans et le contrôle des titres de noblesse. La plus ancienne ordonnance connue d'une recherche d'usurpateurs, est celle de 1342 (Recueil des ordonn. roy. tom. 2e), par laquelle le roi ordonna aux sénéchaux, baillis et autres officiers royaux d'envoyer à la Chambre des comptes de

Paris les anoblissements octroyés dans leurs ressorts pour vérifier leur authenticité. Plusieurs faussaires mis en jugement avaient confessé que pendant dix ans ils avaient fabriqué et scellé des lettres de noblesse et de provisions d'offices. Il y eut en 1373 des Commissions, en 1388 un règlement, et en 1487 des lettres patentes (celles-ci ordonnent la formation d'un catalogue de tous les nobles du royaume) qui doivent être considérées comme des recherches. Les usurpateurs, à la faveur des guerres civiles se multiplièrent à tel point que même pendant ces discordes ruineuses, on se crut obligé de prendre des mesures d'opposition à ces entreprises audacieuses des avanturiers armés et des gens d'affaires, lesquels profitent toujours des désastres publics. L'ordonnance d'Amboise 1555, frappa les hardis déclassés de mille livres d'amende, et celle d'Orléans 1360 les punit d'amendes arbitraires. Les édits de 1576, 1577, 1583, puis après la restauration pleine et entière de l'autorité royale, ceux de 1600 et de 1632 formulèrent les défenses les plus sévères.

Les états-généraux de Paris 1614 et 1615, demandèrent, comme ceux de Blois une recherche sérieuse et la punition exemplaire des usurpateurs. L'édit de 1634, de même que plusieurs arrêts du Parlement et de la Cour des aides et que les déclarations particulières à certaines provinces, stipulent les mêmes défenses et demeurèrent presque sans effet. Les règlements et déclarations des années 1655, 1656, 1662 et 1664, commettaient les Cours des aides pour assigner et punir les faux nobles de leurs ressorts respectifs. Les véritables gentilshommes furent inquiétés et vexés par les enquêtes et par les lenteurs et les frais de procédures. Les plaintes surgirent de toutes parts. Le Conseil royal, par arrêts de 1666 et 1667, supprima les pouvoirs donnés aux Cours des aides, fit cesser les poursuites et commit à la continuation de la recherche des commissaires départis en chaque province, devant lesquels les vrais et les faux nobles seraient assignés pour représenter leurs titres, ainsi que les jugements rendus en leur faveur. L'article 17 de l'arrêt du Conseil du 22 mars 1666, ordonne qu'à la fin de la recherche, il serait fait dans chaque grand baillage et sénéchaussée, un catalogue exact contenant les noms, surnoms, armoiries et domiciles des gentilshommes qui y auraient été reconnus et enregistrés. Les arrêts de 1669 et 1670, prescrivirent le dépôt de tous ces catalogues provinciaux à la bibliothèque du roi, avec les états des usurpateurs. Les commissaires départis, qui furent presque tous les intendants des provinces, envoyèrent leurs avis sur les affaires pendantes devant eux, aux commissaires généraux établis (mai 1666) près le Conseil du roi où se firent les rapports. Ceux-ci furent autorisés à prononcer en dernier ressort. La recherche, conduite dans son ensemble avec une célérité et une impartialité relatives, entraîna un grand nombre de maintenues et de condamnations. Cette mesure délicate aurait été menée à bonne fin et ses résultats au point de vue du Trésor public, l'auraient justifiée pleinement, si la guerre n'eût été déclarée. On ne pouvait assigner les gentilshommes qui allaient payer le plus généreux des impôts, celui du sang. Le Conseil, par arrêt de janvier, 1674, suspendit les pouvoirs donnés aux Commissaires. La suspension prolongée encouragea les usurpations, même celles qui avaient été stigmatisées ; elles se multiplièrent tellement, que les plaintes surgirent de tous les côtés et que le rendement des tailles fut très sensiblement amoindri. Pour dédommager les taillables surchargés, le roi, par déclaration de septembre 1696, rétablit la recherche par l'intermédiaire des commissaires départis, lesquels, outre les nobles et les faux nobles non assignés précédemment, eurent à prononcer de nouvelles sentences contre les usurpateurs après condamnation et contre ceux qui avaient été maintenus sur production de faux titres. Les instances traînèrent en longueur ; les assignés opposaient la prescription centenaire. Le Conseil par arrêt de mai 1703, accéléra les poursuites et par déclaration du mois d'octobre 1717, ordonna que les opposants prouveraient la possession centenaire jusqu'en 1560. Ce fut la dernière précaution générale prise contre les usurpations. Cette grave et longue opération limitée à l'année

1715, prorogée jusqu'au mois de juillet 1718, supprimée puis rétablie, ne fut pas terminée. L'arrêt du Conseil, octobre 1726, fit cesser les pouvoirs des commissaires au mois d'avril suivant. Par une nouvelle déclaration royale, octobre 1729, les instances indécises et pendantes furent renvoyées aux Cours des aides. Ce document affirme que la recherche avait produit de bons effets par la condamnation d'un grand nombre d'usurpateurs et le recouvrement de grosses sommes. On aurait dû la reprendre ou la continuer d'année en année, car les usurpations à la faveur des désordres des finances reprirent bientôt une plus grande extension, surtout à Paris. Chérin (Préface de l'*Abrégé chronolog.*) trace un tableau lamentable de ce fléau et en demande la répression urgente et sévère ; mais il ne propose aucun moyen nouveau d'arriver à son extirpation radicale (1).

Le résumé des mesures prises par l'autorité royale démontre combien l'œuvre était difficile et délicate. Le vrais nobles ont plus souffert de cette longue inquisition que les usurpateurs riches. Beaucoup de familles avaient abandonné leur province d'origine. Les guerres civiles et les désastres qu'elles entraînent, avaient ruiné une partie de l'ancienne noblesse qui ne pouvait que fort difficilement prouver sa qualité, le recouvrement des titres étant très onéreux. On réduisait la véritable noblesse à une misérable question de papiers et la grande quantité d'usurpations constatées et punies ne servit qu'à restreindre l'importance de cet ordre. Si par la démolition des forteresses féodales, l'exil, la confiscation et la peine capitale, Richelieu réduisit la noblesse à l'obéissance passive, Colbert par les mesures fiscales abaissa son prestige.

Aux vexations faites à d'anciennes familles nobles notoirement connues, on a joint les révocations des anoblissements récents et les privilèges plusieurs fois confirmés dont jouissaient quelques bonnes villes et les officiers de certaines juridictions ; puis on a

---

(1) Ces édits, déclarations, etc., sont imprimés et figurent dans la collection de M. Pallias, membre de la Société littéraire de Lyon. — On a consulté l'*Abrégé chronologique des édits*, publiés par Chérin.

mis à prix jusqu'à 700 lettres de noblesse. La bonne foi de l'autorité royale fut atteinte profondément.

Néanmoins, il faut reconnaître qu'au double point de vue de la considération de la noblesse et des revenus de l'État, on ne pouvait laisser sans punition, ni réparation, les usurpations effrontées des gens qui escroquaient les honneurs et les exemptions d'une classe dont l'accès régulier et légitime était singulièrement facilité par les offices. Il y avait de plus à assurer le soulagement des contribuables par une répartition plus équitable.

Les énormes dépenses causées par les guerres et les annexions de plusieurs provinces, les frais d'une cour fastueuse, entraînèrent l'administration à ne considérer que la question d'argent. De cette urgente nécessité pécuniaire naquirent les nombreux édits, ordonnances, déclarations, lettres-patentes et arrêts qui donnèrent, révoquèrent, poursuivirent et tarifèrent la noblesse, l'appui le plus ferme de la monarchie. Beaucoup de nobles possédant réellement leur qualité ne savaient si cette possession légitime ne serait pas révoquée. Tel s'endormait gentilhomme qui se réveillait roturier (1).

La recherche ordonnée en 1666, suspendue à cause de la guerre avait donc été reprise vingt-deux ans après cette suspension. La déclaration du 4 septembre 1696 (dont le texte est

---

(1) Il nous semble que la révision annuelle dans chaque province par l'assemblée (ou les députés) de la noblesse locale présidée par l'intendant, le bailli ou le sénéchal devant un magistrat agissant pour le roi, aurait beaucoup restreint les usurpations. La connaissance que nous avons prise des actes, des procès-verbaux, des réunions de plusieurs corps de la noblesse provinciale, nous a démontré que les admissions dans ces corps n'avaient pas lieu sans l'examen sérieux des titres présentés par les nouveaux venus. On cite à l'appui de cette assertion, les deux nobiliaires du département de l'Ain dans lesquels M. Baux a reproduit tous les procès-verbaux des réunions de la noblesse de Bresse, Bugey et Dombes pendant le XVIIIe siècle. A l'exception du dernier procès-verbal de 1789, la série de ces documents relatifs au lyonnais a été perdue. Les nobles présents à la réunion définitive de l'ordre dans la généralité de Lyon en 1789, ont fait eux-mêmes la vérification des droits de chacun d'eux à prendre part aux dernières et solennelles délibérations. Tous les membres présents ou représentés avaient des droits réels à cet honneur suprême.

reproduit à la suite de cette notice) fut, comme les précédentes, motivée par le soulagement des contribuables à la taille dont les cotisations étaient injustement accrues par ceux qui, usurpant la qualité de nobles, se faisaient exempter de cette contribution. Elle rappelle les mesures prises antérieurement et réitère leurs principales dispositions contre les usurpateurs des qualités de *noble homme, écuyer, messire* et *chevalier.* Elle veut que ceux qui seront trouvés en faute soient condamnés à deux mille livres d'amende, à la restitution des cotisations et à deux sols pour livre de ces recouvrements. Elle formule une exemption provisoire pour les officiers des armées de terre et de mer, en service actif, sans que cette surséance puisse leur tenir lieu de titre valable. Elle ordonne la formation dans chaque élection et baillage principal, d'un état des usurpateurs et d'un catalogue des nobles maintenus.

Pour prévenir les difficultés de l'exécution de cette mesure rigoureuse et régler la procédure qu'elle entraînait, le conseil d'Etat rendit deux arrêts, 26 février et 11 juin 1697. Le délai des assignations fut porté à un mois, après lequel les assignés devaient dans les trois jours communiquer les pièces justificatives de leur qualité et de leurs filiations (contrats de mariage, inventaires, partages depuis l'année 1560). Les commissaires départis en chaque généralité devaient rendre leurs jugements de décharge et de maintenue, et retenir les pièces relatives aux généalogies, pour les joindre à leurs procès-verbaux, et les gentilshommes maintenus seraient inscrits dans le catalogue des nobles de leur département dont copie serait envoyée au Conseil pour être employée à l'état général des nobles du royaume.

Si les assignés font défaut, ou ne présentent pas de titres valables, ou qu'ils se désistent de leur prétention, ou que le traitant justifie que les pères, aïeux et ascendants des assignés ont usurpé ou dérogé sans qu'il y ait eu des lettres de réhabilitation et qu'ils aient été exempts des tailles, les commissaires les condamneront au paiement des amendes, et aux restitutions des sommes frustrées aux paroisses et aux dépens envers le traitant. Les dépens ne pourront être au-dessous de 15 livres dans les villes où résident les commissaires, ni au-dessous de 30 livres pour les autres, sauf ceux qui feront signifier leur désistement dont les dépens pourront être modérés à 3 livres.

Si après le mois de délai, les assignés soutiennent leur noblesse et demandent une remise, les commissaires accorderont encore un mois après lequel ils rendront leur jugement sans nouvelle assignation. Dans le cas où les assignés produiraient des titres suspects depuis 1560, les procureurs du roi près les commissaires s'inscriront en faux, sur la poursuite du traitant (1), et les instances seront jugées en dernier ressort par lesdits commissaires, assistés par les officiers du présidial ou plusieurs gradués à leur choix et sur les conclusions des procureurs de S. M., créés par édit de janvier 1697. On tiendra le rôle des amendes, des restitutions et des deux sols pour livre.

Ne seront regardés comme titres justificatifs de filiation noble, ni de noblesse, les arrêts des Cours supérieures, sentences et jugements dans lesquels les assignés auraient pris les qualités de noble homme, d'écuyer, de messire et de chevalier, mais seulement les contrats de mariage, partages, transactions entre personnes de même famille, les arrêts du conseil, les ordonnances et jugements des intendants et commissaires rendus depuis le règlement du conseil du 22 mars 1666. Les assignés pour usurpation ne pourront être condamnés aux amendes et restitutions que sur deux extraits de contrats ou actes faits en justice par devant notaires ou personnes publiques, ou sur un extrait de partage, donation, testament et contrat de mariage, où les parties auront signé. Le conseil d'Etat ajouta à ces règles, que seraient déclarés usurpateurs : 1° ceux qui se seraient fait mettre au nombre des exempts dans les rôles des tailles et qui auraient pris

---

(1) Les fabricants de faux titres encouraient la peine de mort ; l'intendant du Languedoc en fit pendre plusieurs pendant la recherche de 1666. Cette industrie fort ancienne s'est propagée jusqu'à nos jours.

la qualité de chevalier ou d'écuyer par un seul autre acte signé; 2° ceux qui n'étant point nobles de race et qui entrés dans les charges de la maison du roi et employés sur les Etats registrés à la Cour des aides de Paris, juillet 1664, auraient pris la qualité avant leur réception ou après leur démission, sauf l'ordre contraire du roi ; 3° ceux qui avant d'être pourvus des charges de secrétaire du roi et autres offices attribuant la noblesse, auraient pris ladite qualité ; 4° ceux qui auraient dérogé, soit en exerçant l'office de procureur postulant conjointement avec la profession d'avocat, soit en trafiquant ou par tout acte dérogeant; 5° les officiers des maréchaussées, sauf les prévôts-généraux et leurs lieutenants, qui n'étant point nobles d'extraction en auraient pris la qualité.

Le traitant eut le pouvoir de reprendre toutes les instances pendantes au conseil depuis l'année 1666 et d'en continuer la poursuite (1).

Par commission du 24 octobre 1696, le roi interdit aux Cours des aides et autres juridictions, la connaissance des oppositions et des appellations qui surviendraient. Quinze commissaires-généraux près le conseil d'Etat furent nommés pour prononcer en dernier ressort, après les conclusions d'un procureur général, sur ces appels des jugements rendus par les commissaires départis. Ils furent choisis parmi les membres des conseils privé et d'Etat, et les maîtres des requêtes de l'Hôtel du roi. De même qu'en 1666 les commissaires départis furent les intendants des généralités, assistés suivant les cas par plusieurs officiers des justices royales. Le ministère public fut représenté par le procureur du roi au siége principal de la province. Le traitant chargé des poursuites et des recouvrements eut, dans chaque généralité, des commis faisant élection de domicile chez un procureur; ils avaient l'autorisation de faire des perquisitions chez les notaires

---

(1) Le texte imprimé de ces deux arrêts, analysés sommairement, est dans un recueil appartenant à la Bibliothèque du Palais des Arts (Fonds de l'Académie, Mss n° 79, pièce 23).

et les greffiers, de compulser et copier les minutes et les actes signés, et d'assigner par huissier, en l'hôtel de l'intendant tous les gentilshommes vrais ou faux. Ceux-ci devaient au jour fixé comparaître en personne ou par procuration, et présenter les pièces justificatives des qualités énoncées dans les actes signalés par le traitant. Avec le concours de ses assesseurs et du procureur du roi, le commissaire examinait les titres produits, entendait les défendeurs et l'accusateur, et suivant la validité ou l'invalidité des preuves, il prononçait son jugement que le greffier secrétaire transcrivait sommairement sur le registre et y apposait sa signature.

Les commissaires départis pour la recherche dans la généralité de Lyon (Lyonnais, Forez et Beaujolais) furent successivement les intendants de cette importante circonscription : Lambert d'Herbigny, nommé intendant en 1694 ; Guyet, 1701 ; Trudaine, 1704 ; Melliand, 1710 et Poulletier, 1718. Les *traitants* ou âmes damnées de la recherche : Lacour de Beauval (1) dès 1696, puis en 1703, Ferrand, eurent pour procureurs spéciaux dans la généralité : Bagars de la Ferrière, auquel succédèrent les sieurs Gay et Peyrotte.

On donnait le nom de *traitant* à des financiers entreprenants qui, en dehors des fermes générales, se chargeaient de la perception de certaines taxes. Ils passaient un traité avec le Conseil des finances et se promettaient des gros bénéfices, dont quelquefois ils se trouvaient leurrés. La déclaration royale (oct. 1729) affirmant le succès de la recherche au point de vue pécuniaire, il est probable que le traitant fit une fructueuse collecte. Le traité et la comptabilité de cette affaire fiscale n'étant pas connus, on ne peut contredire l'affirmation royale. En ce qui concerne la généralité de Lyon, il est constaté que depuis le premier jour de juillet 1705 jusqu'au 31 décembre 1717, la régie avait un excé-

---

(1) Ce financier s'était chargé en ce même temps du recouvrement de l'affranchissement des cens et rentes.

dant de dépenses de plus de six mille livres. En outre, du 10 juillet 1717 au 1ᵉʳ juillet 1718, il y eut un autre excédant de dépenses de plus de onze cents livres. Ces fractions de la comptabilité se rapportent à la dernière période de la recherche ; elles ne peuvent servir de base à une appréciation générale du succès pécuniaire de cette entreprise (1).

Le zèle et l'avidité du traitant donna lieu à plusieurs incidents singuliers. Il est nécessaire de les rapporter sommairement, parce qu'ils démontrent avec précision la manière judicieuse dont la déclaration fut interprétée par les commissaires.

Lors de la première recherche (1666-74), l'intendant Dugué, commissaire pour les généralités du Lyonnais et du Dauphiné, en connaissance parfaite des usages de ces provinces, avait donné au préposé ou commis du traitant, l'ordre formel de ne point inquiéter, ni faire assigner ceux des habitants du Lyonnais, Forez et Beaujolais, qui auraient pris la simple qualité de *noble,* parce qu'il était notoire que cette qualité n'était plus portée depuis deux siècles par les gentilhommes de ces provinces. On ne devait poursuivre que ceux qui avaient usurpé la qualité d'*écuyer* et de *chevalier.* De temps immémorial les avocats et les médecins, les magistrats et plus récemment les notables négociants, faisaient précéder leurs noms, professions ou offices par ce mot *noble,* lequel n'ayant plus, dans cette circonscription, aucune valeur nobiliaire, n'était qu'une expression honorable et courtoise. Le traitant de la recherche de 1696, ne voulant pas tenir compte de ce précédent rationnel, assigna plusieurs avocats et médecins, les recteurs de l'Aumône générale, les conseillers au baillage du Forez et les élus en l'élection de Montbrison. Les pièces de la procédure contre les avocats et les médecins d'une part, et le sieur Lacour de Beauval poursuivant, d'autre part, ont été heureusement recueillies et offrent beaucoup d'intérêt. L'affaire fut portée devant les commissaires généraux dont l'arrêt du 4 janvier

_____

(1) Arch. du Rhône : C. 146.

1699, fut favorable aux assignés (1). L'affaire du bureau de l'Aumône générale ne remonta point si haut; une simple ordonnance
de l'intendant (février 1697), déchargea ceux d'entre les recteurs
qui étaient roturiers, de l'assignation donnée pour raison des actes
du bureau où ils sont intitulés : *Nobles et sages hommes*. D'après les
jugements reproduits ci-après, plusieurs officiers aux sièges royaulx
et aux élections, furent également déchargés des assignations (2).

De la recherche faite dans la généralité du Lyonnais, suivant
la déclaration de 1666, il n'est resté que la liste incomplète des
jugements de maintenue prononcés par l'intendant Dugué, pendant les années 1667 et 1668, et plusieurs certificats délivrés dans
le même temps à des familles assignées dont les noms ne figurent
pas sur l'œuvre non officielle de Brunand, qui avait promis de la
continuer par la publication des maintenues prononcées de 1669
à 1674. Cette nomenclature (3) ornée de blasons et accompagnée

---

(1) Voy. le *Recueil de toutes les pièces concernant le procès des avocats et des
médecins de Lion contre le traitant*..... Lion, *chez Plaignard*, 1700, in-4°. C'est
l'œuvre de Laurent Gillet, avocat, qui y fait preuve d'érudition. — Cet
ouvrage a donné lieu, en 1860, à une correspondance intéressante entre
Me Menière, docteur en médecine à Paris, et Me Brouchoud, docteur en droit
et avocat à Lyon, publiée sous ce titre : *De la noblesse des médecins et des
avocats en France jusqu'au dix-huitième siècle*. — On doit consulter encore : la
*Correspondance entre Boileau et Brossette*. — Dans le recueil on cite (page 231)
comme écuyers (non assignés par le traitant), les avocats : Bernico, Bouilloud,
Dumoulceau, Duperez, Dupuy, Terrasson, Valous, et les médecins Dherodes,
Duluc, Falconnet père et fils.

(2) Ces expressions *noble*, *noble homme*, ont fait et font encore naître un
grand nombre d'erreurs et de prétentions. Les généalogistes complaisants et
intéressés en profitent pour surexciter la vanité facilement crédule des familles
et leur persuader qu'elles ont appartenu à la noblesse. Les recueils nobiliaires
que l'on publie et qui devraient être exclusivement réservés à la noblesse sont
envahis par des généalogies entièrement roturières. Un publiciste de bonne foi,
trompé par ces mêmes expressions faussement interprétées, M. Broutin, auteur
d'une sérieuse et érudite *Histoire des couvents* du Forez, a intitulé mal à propos
le 3e volume : *Notes historiques sur les familles nobles du Forez qui ont
donné*, etc. Un grand nombre des familles citées dans ce volume n'ont jamais
appartenu à la noblesse. — Le titre des tables des deux *Nobiliaires de l'Ain*,
publiés par un érudit consciencieux, M. Baux, en 1862-4, portent que tous les
noms sont NOBLES; on y voit cependant une quantité d'huissiers, de procureurs
et de notaires. Que de prétentions s'échaffaudent sur ces fausses désignations!

(3) Dans *Les divers caractères des ouvrages historiques*..... p. 276, le P. Menes-
trier a fait une critique injuste et amère de cet ouvrage; il n'a pu dissimuler
son dépit. On sait par sa querelle avec le Laboureur qu'il n'admettait pas que
la science héraldique appartînt à la publicité.

d'une préface singulière, donne 124 noms (dont 20 noms consulaires). De ces familles, 13 sont encore représentées : Albon, Brosses, Charpin, Damas, Gagnières, Gayardon, Girard, Monspey, Regnauld, Rostaing, Rozier, Thy, Vinols.

Pendant la recherche de 1696, 18 des familles maintenues par Dugué furent réassignées et conservées de nouveau dans leur qualité. Voici leurs noms : Aboin, Arod, Blanchet, Bourdon, Brosses, Chardonnay, Couvet, Damas, Gagnières, Palais, Roze, Rozier, Saix, Sauvat, Soleysel, Terrail, Thélis.

Les commissaires départis dans la généralité de Lyon, eurent à examiner 199 assignations concernant 170 familles, dont plusieurs à deux reprises. Le registre reproduit à la suite de ces notes préliminaires renferme : 61 jugements de *maintenue*, dont un après condamnation ; 44 jugements de *décharge* pure et simple ; 11 *renvois* aux commissaires-généraux et aux intendants des autres provinces ; 34 jugements d'*usurpation*, dont 23 par défaut ; 1 jugement de condamnation du traitant à l'amende. Les autres assignations, dont une après décès, ne reçurent pas de solution.

Quinze des familles citées dans ce registre officiel sont encore représentées : Basset, Bottu, Coignet (Cognet), Courtin, Damas, des Brosses (ou de Brosses), Frère, Gagnières, Garnier des Garets, Grolier, Mazuyer, Murard, Nompère, Penet, Valence (de la Minardière).

Le commissaire départi a basé ses jugements de *maintenue* sur les lettres d'anoblissement, de confirmation (1) et de relief, sur les arrêts des Cours des aides, sur les privilèges des échevins de Lyon, des capitouls de Toulouse, des secrétaires du roi, des conseillers aux Parlements et sur les décisions prises par les intendants pendant la recherche de 1666. Plusieurs jugements de

---

(1) Il y avait plusieurs sortes de maintenues ou de confirmations : 1° Les arrêts des Cours des aides et des parlements ; 2° les jugements des commissaires; 3° les lettres de maintenue ou de confirmation données par le roi ; ces lettres ne sont *le plus souvent* que des anoblissements déguisés par grâce royale, pour mieux favoriser l'anobli et le soustraire à la taxe due au Trésor par les nouveaux nobles. Cette faveur était octroyée plus spécialement aux services militaires.

*décharge* ont pour motif que les assignés ne s'étaient qualifiés
écuyers qu'à cause de leur service ou office de gendarmes de la
maison du roi, de lieutenant, de procureur du roi et d'assesseur
en la maréchaussée, de héraut d'armes, d'huissier des ordres du
roi, de commissaire des guerres, de gentilhomme de la vénérie,
de prévôt de la monnaie et encore de *tenant la poste royale*.

D'autres décharges furent prononcées parce que le traitant ne
présentait contre les assignés qu'un seul acte portant la qualité
usurpée, ou que ceux-ci n'entendaient point soutenir la noblesse.

Les formules laconiques de ces jugements permettent d'appré-
cier la manière dont les commissaires se sont tirés de leur très
délicate mission. On peut affirmer qu'à Lyon, ces magistrats se
sont montrés consciencieux, judicieux et même sévères. Les
maintenues qu'ils ont délivrées témoignent de la plus loyale
interprétation et de l'application la plus stricte des ordonnances
royales et des arrêts du conseil d'Etat. Toutes ces familles avaient
les unes, la possession centenaire (1560) exigée, les autres, les
privilèges bien établis et authentiques des charges ou des offices.
Aucune faveur ne peut être relevée, ni sur la liste de 1666-68,
publiée par Claudine Brunand, ni sur le registre reproduit à la
suite de cette notice (1).

Dans ce dernier document il n'y a aucune de ces légendes
fabuleuses dont l'intendant Dugué se plaisait à orner les certificats des jugements qu'il a rendus, aux risques de faire suspecter
son intégrité et d'exalter la vanité des familles (2).

Pour prouver que les commissaires Lambert d'Herbigny et ses

(1) On est heureux d'opposer cette constatation fondée sur la pleine connaissance de l'histoire nobiliaire de la généralité, contre les accusations de
vénalité formulées sans fondement par divers auteurs contre les agissements
des commissaires à l'occasion de la recherche.

(2) On peut citer entre autres curiosités de ce genre le certificat de maintenue donné à la famille consulaire de Lyon, Laurencin, où un général romain
Laurentinus est rappelé. Les Laurencin ont pu établir en 1667 la possession
centenaire exigée par l'ordonnance; le jugement de Dugué est judicieux,
mais trop agrémenté. Dans notre notice généalogique sur la *famille de Chaponay*, publiée récemment, p. 28, on a mentionné ces errements innocents des
commissaires.

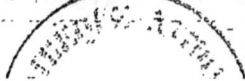

successeurs remplirent leur mission avec rigueur, il faut citer le jugement concernant le sieur de Glatigny, avocat du roi au présidial. Déchargé de la première assignation, puis assigné de nouveau, ce magistrat fut déclaré usurpateur sur la présentation par le traitant, d'un second acte portant la qualité d'écuyer, acte antérieur à son échevinage (voir art. 97 et 136). Un conseiller au même siège fut également déclaré usurpateur (art. 104). La décharge prononcée en faveur du lieutenant-criminel contraste avec ces deux sévères jugements (art. 98). On signale plusieurs particularités : le sieur de Phélines, dont le père sujet du roi, avait obtenu de Mademoiselle, souveraine de Dombes, des lettres de noblesse, fut déclaré usurpateur (art. 4); le traitant condamné aux dépens (art. 10); une décharge avec défense de joindre la qualité d'écuyer à la profession de maître de poste (art. 8); les maintenues de deux ecclésiastiques et d'un sieur Cordelier, sans mention de la cause (art. 37, 41, 64); la condamnation pour dérogeance (art. 80); les assignés qui prétendent que la qualité leur a été donnée par inadvertance (art. 121, 125); la production de titres suspects (art. 122); le sursis accordé à la sollicitation du R. P. La Chaize (art. 163); les conclusions du procureur du roi (art. 191); la condamnation d'un maître des eaux et forêts (art. 199) et l'assignation non motivée (art. 184).

Onze familles furent maintenues à cause du privilège de la noblesse consulaire de Lyon : Manis, Michel, Landry, Daveyne, Gayot, Murard, Frère, Rochefort, Garbot, Basset, Pure.

Si l'expression *noble* dont tous les notables bourgeois, magistrats, avocats, médecins et négociants, faisaient précéder leurs noms et professions, sans aucune prétention à la noblesse, ne donna pas lieu à des assignations particulières, les noms à particule légitime ou illégitime, les armoiries et les qualifications de seigneur de fief, ne furent pas davantage recherchés. Depuis plusieurs siècles on avait cessé de leur attribuer une signification nobiliaire.

Le registre principal reproduit à la suite de cette notice ren-

ferme 147 jugements, tous (moins un) signés par le commissaire
départi. Les art. 1 à 16 concernent les familles du Beaujolais ;
les art. 17 à 65, les familles du Forez et les art. 66 à 147 celles
du Lyonnais. Les articles 148 à 199, relevés sur des feuilles sépa-
rées du registre n'ont pas de signatures et, pour la plupart sont
restés sans décision, ils appartiennent à la généralité, mais ils ne
sont pas accompagnés par la désignation spéciale de leur province
respective.

167 familles furent maintenues dans leur qualité pendant les
recherches de 1666 et de 1696. On sait que cette double entreprise ne fut point terminée et que le catalogue des gentilshommes
resta à l'état de projet (1). Boulainvilliers (*Etat de la France*)
affirme que l'intendant Lambert d'Herbigny en son *Mémoire de la
généralité*, dressé par ordre du Dauphin, compte 325 noms nobles.
Cependant toutes les copies de ce mémoire (resté en manuscrit)
ne donnent que 81 noms des gentilshommes possesseurs de fiefs,
dont 34 seigneurs domiciliés hors des trois provinces.

La statistique nobiliaire de la généralité ne peut être établie
faute de documents. 370 familles nobles furent représentées à la
dernière assemblée de la noblesse de Lyonnais, Forez et Beaujolais ; on a constaté en 1864 l'existence dans la même circonscription de 260 noms (2) ; plusieurs extinctions sont survenues
et dans cinquante ans les survivants seront très rares.

---

(1) L'*Armorial général* créé par l'édit de novembre 1696 n'a rien de commun
avec la recherche, si ce n'est qu'il fut le prétexte d'une mesure fiscale. Non-
seulement les gentilshommes qui y figurent en petit nombre, mais les com-
munes, les communautés, les corporations, les simples bourgeois et les
marchands y firent enregistrer moyennant finance, leurs armoiries anciennes
ou nouvelles. Cet enregistrement n'a aucune valeur nobiliaire. Certaines personnes de bonne ou de mauvaise foi cherchent à se prévaloir de l'inscription
des armoiries de leurs ascendants au profit d'une prétention à la noblesse fort
mal fondée. La race des *Jourdain* n'est pas éteinte. On a fait, on fait et on fera
des *mamamouchis*. — L'armorial général dressé par généralités est déposé à la
Bibliothèque nationale, il est facile d'y vérifier nos assertions. — Les recueils
des blasons de nos provinces, publiés depuis 25 ans, renferment presqu'autant
d'armoiries roturières que nobiliaires.

(2) Voir notre *Essai nobiliaire lyonnais*. — Lyon 1864, in-8o et les pages
supplémentaires.

.En ce qui concerne la généralité de Lyon, la recherche de.
1696 a été complètement ignorée de tous les historiens. Si
l'auteur d'une publication plus luxueuse qu'utile et exacte, et qui
manque absolument de correction et de critique, le *Livre d'or de
la noblesse lyonnaise*, M. Monfalcon, eût été plus préoccupé de ce
sujet d'étude que des ornements accessoires, il aurait mis à profit
les indications gratuites qui lui furent communiquées. Mais
pour cette partie de l'*Histoire monumentale de Lyon,* comme pour
plusieurs autres non moins intéressantes, il a dédaigné les com-
munications bénévoles et n'a tenu aucun compte des extraits
que lui fournirent avec complaisance MM. les archivistes du
département et de la ville. Cet historien demi-officiel avait, à
ce qu'il paraît, comme Vertot, *fait son siège.* A plusieurs reprises
il n'a pas hésité à dire (et même à écrire) qu'on ne pouvait
utiliser les documents conservés dans les riches et précieux
dépôts installés à l'Hôtel-de-Ville.

L'abstention des publicistes lyonnais à l'égard de cette partie
de notre histoire provinciale, donnera à la reproduction d'un
document inédit l'attrait de la nouveauté et de la curiosité. On
pourra considérer cette publication, après les excellents travaux
récemment édités par MM. Steyert, Gras, de Charpin, de
Rostaing, Vachez, Broutin et Niepce, comme un complément
de nos annales nobiliaires. L'ordre de la noblesse eut sa raison
d'être, ses honneurs et sa gloire cimentée de son sang généreux;
il a contribué largement à l'extension et à la prospérité de la
France, tout ce qui le concerne offre de l'intérêt.

*Déclaration du roi concernant la recherche des usurpateurs du titre de noblesse.*

—

Louis, par la grâce de Dieu, Roy de France, etc. A tous ceux qui ces présentes lettres verront, salut. Le principal objet que Nous avons toujours eu de soulager nos sujets contribuables aux tailles et d'empêcher qu'ils ne soient surchargés par les usurpateurs du titre de noblesse qui font valoir leurs terres par leurs mains et qui se font exempter des impositions et charges des paroisses, Nous a excité, à l'exemple des Roys nos prédécesseurs, à faire expédier nos déclarations et reglemens des 15 mars 1655 pour notre province de Normandie, du 30 décembre 1656 pour les ressorts de toutes les Cours des aydes, 8 février 1661 pour le ressort de la Cour des aydes de Paris, 22 mars 1666 pour toute l'étendue de notre royaume et 20 janvier 1668 pour la province de Bretagne, afin de faire une Recherche exacte de tous les faux nobles pour les imposer aux tailles et autres charges des paroisses de leurs demeures et pour leur faire payer à cause de leurs usurpations les amendes et restitutions portées par les coutumes, ordonnances et reglemens, et particulièrement par les ordonnances d'Orléans et de Blois et les Edits des années 1600, 1634 et 1653. Nous aurions même pour rendre l'ancienne noblesse plus recommandable et empêcher qu'à l'avenir il ne se fit semblables usurpations, ordonné par arrests de notre Conseil des 15 mars 1669 et 2 juin 1670 qu'il seroit dressé des listes et catalogues de tous les véritables gentilshommes pour être déposés en notre Bibliothèque royale, et des Etats contenans les noms, surnoms et demeures des particuliers condamnés comme usurpateurs pour être envoyés aux commissaires départis dans les provinces et généralités, afin de les imposer et taxer d'office, autre arrêt de notre Conseil du 19 juillet 1672, Nous aurions aussi ordonné que tous ceux qui auroient été condamnés comme usurpateurs qui continueroient leurs usurpations seroient derechef par les commissaires départis condamnés en de nouvelles amendes qui seroient reçues par les receveurs des tailles, mais ayant revoqué la commission establie pour la Recherche des usurpateurs du titre de noblesse et fait deffences par arrest de notre Conseil du 9 janvier 1674 aux préposés pour ladite Recherche de s'immiscer au recouvrement de ce qui étoit dû de reste des condamnations et amendes jugées contre les usurpateurs, Nous aurions reconnu que non seulement la plus grande partie de ceux qui avoient été condamnez ont continué leurs usurpations, mais encore que ce qui donne lieu d'usurper le titre de noblesse, est la liberté que prennent les habitans des Villes franches de se qualifier nobles hommes, ecuyers, messire et chevaliers, et se retirant ensuite dans les paroisses de la campagne, ils

continuent leurs usurpations faisant valoir leurs biens avec exemptions de taille
et autres impositions dont nos autres sujets taillables demeurent surchargés,
et comme les pressans besoins d'une guerre suscitée par nos ennemis Nous
auroient porté d'anoblir par notre Edit du mois de mars dernier cinq cents
personnes qui se trouveront le mieux mériter, Nous avons crû que nos sujets
taillables en seroient d'autant moins surchargés qu'il peut être retranché un
bien plus grand nombre d'usurpateurs de noblesse si nous en faisions faire une
nouvelle Recherche, sans que les véritables gentilshommes qui ont représenté
leurs titres et qui ont été confirmés en leur noblesse, puissent être inquiétés, ni
qu'il en coûte aucuns frais ni droits à tous ceux qui ne les ayant point représentés les représenteront, ne voulant pas même que ceux qui sont officiers
dans nos armées de terre et de mer soient inquiétés ni obligés de représenter
leurs titres quoiqu'ils ne les eussent représentés lors de la dernière Recherche.
A ces causes et autres à ce nous mouvans, de notre certaine science, pleine
puissance et autorité royale, Nous avons par ces Présentes, signées de notre
main, dit et déclaré, disons et déclarons, voulons et Nous plaît, qu'à la poursuite et diligence de celui qui sera par Nous proposé, il soit fait une exacte
recherche, tant de ceux qui auront continué d'usurper les qualités de noble
homme, d'ecuyer, de messire et de chevalier, depuis les condamnations ren-
dues côntr'eux ou leurs pères, soit par des arrests de notre Conseil, par des
jugemens des commissaires nommés pour les recherches de la noblesse et des
francs fiefs, arrests des Cours des aydes, ou autres jugemens, que de tous
autres usurpateurs des mêmes titres et qualités, qui se trouveront les avoir
usurpés avant et depuis, et qui n'auront été recherchés, poursuivis, ni condamnés, lesquels sur des actes où ils auront pris lesdites qualités seront assignés
au mois pour tout delay, par devant les commissaires départis dans les provinces et généralités du royaume, et condamnés en deux mille livres d'amende
et en telles sommes qui seront arbitrées par lesdits sieurs commissaires pour
l'indüe exemption du passé de la contribution aux tailles et autres impositions
et charges des paroisses de leurs demeures, suivant lesdites ordonnances et
reglemens, ensemble aux deux sols pour livre desdites amendes et restitutions,
desquelles amendes et restitutions le recouvrement sera fait sur les quittances
du Garde de notre Trésor royal en exercice, et les deux sols pour livre sur
celles du préposé à ladite recherche et au payement seront contraints comme
pour nos propres deniers et affaires, sauf néanmoins l'appel en nôtre Conseil
des jugemens portant condamnations des amendes et restitutions dont les
instructions seront faites par devant les commissaires d'iceluy qu'à cet effet
Nous commettons; Exemptons néantmoins quant à présent de ladite recherche
les officiers servant actuellement dans nos armées de terre et de mer lesquels
ne pourront se prévaloir à l'avenir de la présente surséance qui ne pourra leur
servir de titre de noblesse. Faisons deffences de plus usurper à l'avenir les
titres de noble homme, d'ecuyer, de messire et de chevalier. Voulons qu'il soit
dressé un Etat en chacune élection, et pour les païs où il n'y a des élections,
en chacun bailliage principal, sénéchaussée royale, contenant les noms et

demeures de tous les particuliers qui auront été et qui seront cy-après condamnés comme usurpateurs du titre de noblesse, faisans leurs demeures dans
les paroisses desdites élections, baillages et sénéchaussées, lesquels seront
imposés aux tailles et autres charges comme les autres contribuables des
paroisses suivant leurs biens et facultés, et seront toutes les ordonnances,
édits, déclarations, arrest et reglemens faits pour les précédentes Recherches
des usurpateurs du titre de noblesse, observées et exécutées en ce qu'ils ne se
trouveront contraires à ces presentes. Si donnons en mandement à nos amés
et féaux conseillers les gens tenans nos Cours de Parlement... que ces présentes ils ayent à faire lire publier et registrer et le contenu en icelles garder
et exécuter selon sa forme et teneur, nonobstant tous édits, déclarations et
autres choses à ce contraire, auxquelles Nous avons dérogé et dérogeons par
ces présentes, car tel est notre plaisir. En témoin de quoy Nous avons fait
mettre notre scel à ces dites présentes. Donné à Versailles, le 4me jour de
septembre l'an de grâce mil six cent quatre vingt seize et de notre regne le
cinquante quatrieme. Signé : Louis, et plus bas : par le roy Dauphin : Colbert,
et encore plus bas est écrit : Vu au conseil : Philipeaux. Scellé du grand sceau
en cire rouge sur queue de parchemin (1).

---

(1) Ce texte est la reproduction de l'imprimé inséré dans le précieux recueil
des édits, déclarations, lettres-patentes et ordonnances, faisant partie de la
collection Dauphinoise de M. Pallias, membre de la Société littéraire de Lyon.

*Registre des jugements rendus par nous, commissaires départis, par l'arrest du Conseil du 15 novembre 1696, entre le traitant chargé (arrest du Conseil du 26 février 1697) de la recherche des usurpateurs des titres de noblesse et du recouvrement des sommes provenant de ladite recherche ordonnée par la déclaration du 4 septembre 1696, Et les particuliers de la province de Lyonnois, Forez et Beaujollois, assignés à la requête du commis dudit de La Cour dans cette généralité (1).*

## BEAUJOLAIS

1. TIRCUY DE CORCELLES (Laz.) a justifié avoir pour aïeul Laz. de T., gendarme de la compagnie du duc de Nemours, et a fourni une enquête de l'autorité de la Cour des aides établissant sa noblesse et celle de ses ancêtres en Auxois. — Maintenu, 11 mars 1697.

2. DESBROSSES, sieur d'Escros (Cl.) et ses neveux, fils de Jean D., ont produit les lettres de réhabilitation du 17 août 1687, enreg. à la Cour des aides le 13 février 1688. — Maintenus, 27 juin 1697. V. 115.186.

3. SARRAZIN, sieur de la Pierre (Alexandre-Louis de); a justifié être fils de Marc-Conrad de S., conseiller au Parlement

---

(1) Arch. dép. C. 145 ; six cahiers de papier timbré à l'extraordinaire, chaque feuille est cotée, et presque tous les jugements sont signés par l'intendant. L'orthographe des noms a été conservée soit dans la reproduction du registre, soit dans la table. Pour faciliter les investigations, on a placé un numéro d'ordre devant chaque article ; ce numéro est répété à la table et aux renvois désignés soit dans la notice, soit dans le registre. Le titre du M$^{ss}$ se rapportant seulement à l'intendant Lambert d'Herbigny, a été modifié par la suppression de ce qui concernait ce commissaire, de manière à servir pour le registre entier.

de Grenoble (1661-89) *à la Chambre de l'Edit.* — Maintenu, 10 juillet 1697.

4. PHÉLINES, sieur de la Chartonnière (C. de), a produit les lettres de noblesse accordées à son père, David de P., le 19 février 1676, par Mademoiselle d'Orléans, souveraine de Dombes, mais attendu que ledit David était né en Beaujolais, sujet du roi, — ledit Pierre de P. déclaré usurpateur, condamné à l'amende, 7 août 1697. V. 159.

5. SAUZEY (J. du) a justifié avoir été écuyer de feue Mademoiselle et n'avoir pris la qualité que par rapport à sa charge. — Déchargé, 9 octobre 1697.

6. MAGNIN, sieur de la Carelle (Moïse), a déclaré qu'il n'entend soutenir noblesse, et attendu qu'il n'a été produit contre lui qu'un seul acte où il se trouve qualifié écuyer, — Déchargé, 22 novembre 1697.

7. BLANCHET DU RODON (Paul). — Par défaut, déclaré usurpateur, condamné à l'amende et 15 livres de dépens, 25 janvier 1698. V. 191.

8. GRUMEL (And.) n'entend pas soutenir noblesse, il n'a pris la qualité d'écuyer que comme *tenant la poste.* — Défense de joindre ce titre à celui de maître de poste, déchargé 6 février 1698.

9. PROHINGUE, sieur de Plantigny (Louis de) descend de Jean Prohingue, capitoul de Toulouse, en 1576. — Maintenu, 17 mai 1698, non signé.

10. LECOURT, sieur de Charbonnières (Pierre), n'entend soutenir noblesse. — Déchargé. Le traitant condamné à 12 livres de dépens, 17 mai 1698. V. 181, 196.

11. DUPUIS, sieur de la Garde (Cl.), a remontré être de la famille Dupuy de Montbrun en Dauphiné. —Déchargé, 21 juin 1698.

12. ROLIN, sieur de Montoux (César), a produit des lettres de noblesse (août 1696); il sera tenu de les faire confirmer dans les trois mois. — Maintenu, 31 décembre 1700.

13. CHERMETTE, sieur de St-Maurice (Gab.), déclare n'avoir pris la qualité d'écuyer qu'en conséquence de celle de gendarme. — Déchargé, 21 janvier 1699.

14. DUBOST, sieur de Thavanes (Louis), était lieutenant au régt de Lyonnais en 1691 et n'entend soutenir la qualité d'écuyer prise dans son contrat de mariage (20 novembre 1691). — Déchargé, 21 janvier 1699. V. 165.

15. FABRY DE LA BESSÉE (Etienne) a justifié être fils de Ennemond F., lieutenant en l'élection de Beaujolais, anobli par Mademoiselle (10 janv. 1649), décédé maître des requêtes au Parlement de Dombes. — Déchargé, 21 janvier 1699. V. 162.

16. BUSSIÈRES (Isabeau de), veuve de Claude Lacheron, écuyer de feue Mademoiselle, n'entend soutenir noblesse. — Déchargée, 23 juin 1701.

# FOREZ

17. LACOUR, sieur de Morvillier (Raimond de), a produit le jugement rendu en sa faveur par M. Dugué, le 11 juin 1667. — Maintenu, 20 mai 1697.

18. PARCHAS, sieur de Fraissegrand (Cl. de), est fils de Marcelin de P. anobli par lettres de novembre 1624, énonciatives de l'anoblissement de son père, Aimard de P., commissaire d'artillerie, février 1621, dont il n'avait pu poursuivre l'enregistrement, étant allé aux sièges de Saint-Jean-d'Angély, Montauban, etc., et étant décédé au mois de septembre de la même année. — Maintenu, 9 octobre 1697.

19. SAIX, sieur de Chervé (Fr. du). — Condamné par défaut, 20 octobre 1697. — Depuis a été reconnu qu'il était décédé lors de l'assignation et qu'il était de famille noble. V. 30.

20. LEBLANC, sieur de Bournac (Claude). — Condamné par défaut à l'amende et à 30 livres de dépens, 20 octobre 1697.

21. COURTIN (Fr.) a produit des lettres de réhabilitation du 16 juillet 1679. — Maintenu, 29 nov. 1697. V. 175, 176, 177.

22. TRÉMOLLE DE BARGE, sieur de Lagrive (P. Gab. de), a produit le jugement rendu par Me Dugué le 3 oct. 1667. — Maintenu, 14 déc. 1697.

23. LABORIE DES SACS DE POULARGUE (Gab. de), son fils, Charles de L., a produit le certificat de Me Dugué, du 9 fév.

1668, énonciatif du jugement de Mᵉ de Fortia, intendant d'Auvergne, en faveur d'Antoine, Gabriel et Melchior de L., frères. — Maintenu, 25 janvier 1698.

24. GAZELLE (H.-Ant. de) a produit le certificat de Mᵉ Dugué, du 12 janvier 1669. — Maintenu, 25 janvier 1698.

25. BOIS (Ant.), son père, pourvu d'un office de secrétaire du roi, 16 janv. 1651, obtint des lettres de vétéran, septembre 1679. — Maintenu, 25 janvier 1698.

26. CHAPUIS, sieur de Chaumont (Laur.) — Condamné par défaut. — Le traitant fut averti que par arrêt du conseil 15 mars 1677, Laurent C. avait été maintenu. V. 38.

27. ROCHEFORT, sieur de la Vaurette (Ant.), a produit le certificat de Mᵉ Dugué, du 3 oct. 1667. — Maintenu, 25 janvier 1698.

28. BIGOT, sieur de Laval (Math. de), garde du corps, 27 juin 1668, conservé dans les privilèges d'ancien garde, par ordre de M. de Louvois, 6 mars 1687, scellé du cachet du roi. — Déchargé, à lui enjoint de ne plus se qualifier écuyer, 25 janvier 1698.

29. SAUVAT (Cl.) a produit le certificat de Mᵉ Dugué pour son père François S., du 23 avril 1667. — Maintenu, 25 janvier 1698.

30. SAIX (J.-B.-Fr. du), sieur de Chervé, a produit le certificat de Mᵉ Dugué, du 28 mai 1667, en faveur de son père, Jean du S. — Maintenu, 25 janvier 1698. V. 19.

31. MAGNIN, sieur de Verpré (J.-Marie). — Condamné par défaut, 6 févr. 1698.

32. GAYOUT DE JOSSERAND (Cl.) a pris la qualité d'écuyer en vertu de son office de lieutenant de la maréchaussée de Roanne. — Déchargé, 6 février 1698.

33. LOSME (Fr. de) a pris la qualité d'écuyer comme procureur du roi en la maréchaussée de Roanne. — Déchargé, 6 février 1698.

34. BOUILLOUD, sieur de Mari (Ant.), a produit un arrêt de la

Cour des aides, par lequel il est maintenu ; son père et son aïeul étaient gardes du corps ; il devra justifier dans la quinzaine de son extraction noble et de ce qu'il descend des susdits gardes. V. 118.

35. COHADE, sieur de Villeneuve (P.) — Maintenu, 13 mai 1702, par M. Guyet.

36. TRICAUD, sieur de Montceau (Ant.-Louis), a produit ses lettres de réhabilitation du 28 mai 1692. — Maintenu, 16 février 1698. V. 150.

37. SOLEYSEL (Jos. de), prêtre à Saint-Etienne, a produit un certificat de Me Dugué, 18 juin 1668, en faveur de son père, Jacques de S. — Maintenu, 17 mai 1698.

38. CHAPUIS, sieur de Chaumont (Laurent), opposant au jugement du 25 janvier 1698, a produit les arrêts du Conseil du 27 mai 1671 et 8 janvier 1677. — Maintenu, 17 mai 1698. V. 26.

39. COLLON, sieur de Chambost (Jac.), a servi dans la compagnie des Cadets à Strasbourg en 1690, sous-lieutenant au régt de Sault en 1691, chevau-léger de la Garde en 1693, il n'entend soutenir ni jouir des prérogatives attribuées à la qualité d'écuyer qu'il n'a prise qu'à cause de son service. — Déchargé, 23 mai 1698.

40. CHAPUIS, sieur de Lestrau (Aimard), CHAPUIS, sieur de Jonsac (P.) et CHAPUIS (And.) sont fils de Claude C., sieur de la Goutte ; ils ont produit l'arrêt du Conseil, 27 mai 1671, en faveur de celui-ci. — Maintenus, 24 mai 1698.

41. CORDELIER, sieur de la Grange (Louis), descend de Jacques Cordelier, vivant en 1542. — Maintenu, 27 mai 1698.

42. LA ROCHETTE (J.-Marcellin de) a produit les lettres de réhabilitation accordées à son aïeul, Marcellin R., le 25 juill. 1674, à son bisaïeul, Jean, le 12 juin 1651, vérifiées à la Cour des aides ; il est l'un des 200 chevaux-légers de la Garde, en service. — Déchargé quant à présent, 4 juin 1698.

43. CHARDONNAY, sieur de la Chazotte (Gasp.), est fils de Léonard C., maintenu par Mᵉ Dugué, 18 avril 1667. — Maintenu, 6 juin 1698. — Le Mˢˢ porte par erreur : CHARBONNET.

44. DUCROĆ, sieur de Sᵗ-Polgue (J.-Cl.), est fils de Charles D., qui eut des certificats de Mᵉˢ de Fortia et Dugué, 2 déc. 1666 et 20 sept. 1667.— Maintenu, 22 juin 1698.

45. MARCOU, sieur de Bain (Fr.), est fils de Nicolas de M., qui eut un certificat de Mᵉ Dugué, le 20 juin 1667.

46. FAURE (J.-B.) est maréchal des logis des Gardes du corps de Monsieur, par provisions du 16 septembre 1693. — Déchargé, 12 juin 1698.

47. JOUARD (Marie), veuve de Jean Richard, sieur de Loutaud (?), gendarme du roi tué au siège de Cambray. — Déchargée, 12 juin 1698.

48. PATURAL, sieur du Tronchy (René de). Déclaré usurpateur, condamné à l'amende, 21 janvier 1699. V. 52.

49. MICHON DE CHENAVEL (Pierre). — Déclaré usurpateur, condamné à l'amende, 21 janvier 1699. V. 53.

50. MICHON, sieur de Chancé (Pierre), a produit un arrêt du Conseil du 8 juin 1671, son père, Jean M., et son aïeul, Jacques M., gardes du corps vétérans. — Maintenu, 21 janvier 1699.

51. ABOIN, sieur de Corde (Gasp. d') a produit le certificat de Mᵉ Dugué, 26 mai 1667, en faveur de son père, Philibert A. — Maintenu, 21 janvier 1699. — Le Mˢˢ porte : DABOIN.

52. PATURAL, sieur du Tronchy (R.), condamné par défaut, a produit le jugement de Mᵉ Dugué, 4 oct. 1667, en faveur de François-André de P., son père, un jugement de Mᵉ Ferrand, intendant de Bourgogne, 26 août 1698, en faveur dudit Fr.-And. de P., et dudit René de P., père et fils. — Reçu opposant, 27 mai 1699. V. 48.

53. MICHON DE CHENAVEL (P.), condamné par défaut, a produit

les lettres de secrétaire du roi en faveur de Claude M.,
son père, 16 mai 1667, mort en charge. — Reçu opposant, 17 juin 1699. V. 49.

54. DAMAS, sieur du Rousset (Cl.), a produit son contrat de mariage avec Louise de Foudras, du 9 mai 1679, son acte
baptistaire, et le certificat de Me Dugué, 22 févr. 1668, en
faveur de son père, Claude D. — Maintenu, 17 juin 1699.

55. COIGNET, sieur de la Maisonfort (Jacq.), a produit l'arrêt du
Conseil, 20 oct. 1668, signé Phelippeaux, qui maintient
son anoblissement, par lettres, de mai 1653. — Maintenu, 25 avril 1700.

56. THÉLIS (Barth. de), ancien capitaine de cavalerie, a produit
des lettres de réhabilitation, 2 août 1635, pour son père,
Jacques de T., trésorier de France, fils d'Étienne de T.,
conseiller au Parlement de Toulouse, puis lieutenant
général à Montbrison, lettres vérifiées. — Maintenu,
15 avril 1700.

57. POUDEROUX, sieur du Cros (Jos.), a produit des lettres de
confirmation de noblesse, déc. 1658, pour son père,
Michel P., président en l'élection de Montbrison, et pour
son frère, Jacques P., lieutenant général audit siège, et
d'autres lettres confirmatives vérifiées en janvier 1666.
— Maintenu, 15 avril 1700.

58. BOURDON, sieur de Mures (P. de) a produit l'ordonnance de
Me Dugué, 19 septembre 1667, en faveur de son père
Antoine de B. sieur de la Motte, capitaine au régiment
de Conti. — Maintenu 15 avril 1700.

59. AROD, sieur de Mezieu (Guill.) descend de Flory Arod son
bisaïeul, marié à Anne Fournier, 25 mars 1545. —
Maintenu 18 avril 1700.

60. PALAIS, sieur de la Marlée (Jos. du) a produit le jugement
de Me Dugué, 18 janv. 1668, en faveur de son père
Gaspard du P. et de son oncle Gilbert du P. — Maintenu, 5 avril 1701.

61. Duchol de la Motte (Pierre), a produit le jugement de
    Mᵉ Dugué, 25 janv. 1668, pour son père noble. Floris D.
    — Maintenu 5 avril 1701. V. 148.
62. Terral, sieur de la Vinaude (Guill. du) est fils de Claude
    du T. et de Gabrielle de Baronnat, ledit Claude main-
    tenu par Mᵉ Dugué, 11 janv. 1669. — Maintenu, 5
    avril 1701.
63. Rozier, sieur de Magnieu (Arnoult du) a produit des lettres
    de réhabilitation de mars 1654 pour Arnoult du R., sieur
    de la Bastie, doyen des conseillers au baillage de Mont-
    brison, et son frère François du R. et leur neveu Jacques
    du R., plus des lettres confirmatives d'avril 1668. —
    Maintenu, 5 avril 1701. V. 189.
64. Descotay (Jean), prêtre. — Maintenu, 5 avril 1701.
65. Puy, sieur du Périer (Denis), a produit des lettres de réha-
    bilitation vérifiées, du 7 mai 1677, descend de Guillaume
    P., vivant en 1430. — Maintenu 11 juin 1701. Non
    signé.

# LYONNAIS

—

66. DUBOIS (Ant.), commissaire des guerres. — Déchargé, attendu sa qualité de commissaire, 26 février 1697.

67. GOULARD, sieur des Landes (Fr.), n'a pris la qualité d'écuyer que comme gentilhomme de la grande vénerie. — Déchargé, 6 mars 1697.

68. ROZE (Et.) est fils d'Etienne R., maître d'hôtel du roi, anobli par Lettres, en janv. 1655, produit le jugement de Me Dugué, 5 mars 1668. — Déchargé de l'assignation, 3 avril 1697.

69. GAIGNIÈRES, sieur de Belmont (Joach. de) a produit les lettres de noblesse en faveur de son père, Daniel de G., avril 1657, confirmées en 1669. — Maintenu, 26 avril 1697.

70. GUILLON (J.-Valentin de) n'a pris la qualité que comme huissier des ordres du roi. — Déchargé, 18 mai 1697.

71. BASTERO (Matt.) n'entend soutenir noblesse. — Déchargé, 20 mai 1697.

72. MANIS, sieur de Champvieux (Nic.), fils d'un échevin de Lyon. — Maintenu, 20 mai 1697.

73. RONZEAU, sieur de Pusieux (Pierre de), a produit des lettres de secrétaire du roi vétéran. — Maintenu, 20 mai 1697. V. 197.

74. GIRY (J.-F. de) a produit des lettres de réhabilitation du 23 mai 1689, enreg. à la Cour des aides et les quittances des taxes.

75. Bouilloud, sieur de la Roche (Clém$^t$). — Usurpateur des titres de noblesse, condamné à l'amende, par défaut, 11 juin 1697.

76. Gravier (Isaac) — usurpateur, condamné à l'amende et à 15 livres de dépens, 11 juin 1697.

77. Mogniat (Louis) — usurpateur, condamné à l'amende, par défaut, 11 juin 1697. V. 107.

78. Joannin, sieur de Chantemerle (Louis) a produit des lettres de noblesse, déc. 1645, en faveur de son père Jean-Baptiste J., confirmées en sept. 1668. — Maintenu, 15 janv. 1697.

79. Rambaud de Champrenard (Fr.) a produit son contrat de mariage avec Claude Boloson et celui de son père Guillaume R. avec Marie Basset; allègue tenir des R., seigneurs de Montgardin en Dauphiné et que ce château fut brûlé avec tous les papiers en 1692, par les troupes du duc de Savoie. — Déclaré usurpateur, condamné à l'amende et à 15 livres de dépens, 2 juillet 1697.

80. Rodollet (Floris) est fils d'André F., décédé secrétaire du Parlement de Dombes; mais attendu qu'il était fermier du greffe. — Déclaré usurpateur, condamné à l'amende et à 15 livres de dépens, 2 juillet 1697.

81. Dambournai (Jac.) élu.—Déclaré usurpateur, condamné par défaut, 25 juillet 1657.

82. Pecoil, sieur de la Tenaudière (Math.). — Déclaré usurpateur, condamné par défaut, 7 août 1697.

83. Pointis, sieur de Beauroux (Et.). — Déclaré usurpateur, condamné par défaut, 7 août 1697.

84. Mabiez, sieur de Malleval (Edouard), est fils de Louis M., conseiller-secrétaire au Parlement de Dombes, 15 déc. 1666. — Déchargé, 7 août 1697.

85. Garnier, sieur des Garets (Léonard) a présenté un arrêt du du Conseil du 21 mai 1667. — Maintenu, 7 août 1697.

86. Hindret (Gaspard), inspecteur-général des monnaies de

France, fils de Jean H., marchand à Paris. — Renvoyé sur sa demande aux commissaires généraux du Conseil, 10 août 1697.

87. MICHEL (Jac.), négociant en gros, est fils de Bonaventure M., échevin de Lyon, 1623-4. — Maintenu, 10 août 1697.

88. FLORIS, sieur de Versaillieu (Jean de), est originaire du Berry. — Renvoyé à l'intendant de Berry, 7 septembre 1697. V. 133.

89. GUICHON (J.-P.), ancien prévôt des maréchaux ; attendu qu'il a pris la qualité d'écuyer depuis qu'il n'est plus prévôt, — déclaré usurpateur, condamné, 9 octobre 1697.

90. PONCET, sieur de la Vouldy (Jac.), a dit ne pas vouloir soutenir noblesse, mais attendu les actes où il est qualifié écuyer. — Déclaré usurpateur, condamné, 9 octobre 1697.

91. DUFAURE DE LA RIVETTE (J.-B.), receveur des consignations. — Condamné par défaut, 15 octobre 1697.

92. CROPET DE SAINT-ROMAIN (Jean). — Condamné par défaut, 25 janvier 1698.

93. BOTTU DE LA FERRANDIÈRE (Et.). — Condamné par défaut, 25 janvier 1698.

94. PARTICELLI, sieur de Chaintré (P.), a produit la copie d'un certificat du grand duc de Toscane portant que les Particelli sont nobles d'ancien temps. — Justifiera dans six mois de sa filiation et extraction.

95. HEZELER (Benoîte), veuve de Jean-Jacques Thomé, son mari était fils de l'échevin Thomé. — Déchargée, 25 janvier 1698.

96. MAZUIER (Alexandre) est fils d'Antoine M., anobli par lettres de juillet 1697, expédiées en vertu de la déclaration de septembre 1696. — Déchargé, 25 janvier 1698.

97. GLATIGNY (Gabriel), avocat du roi au présidial, déclare ne pas prétendre à une autre noblesse que celle de l'échevinage (1696-7). — Déchargé, 27 janvier 1698. V. 136.

98. VIAU (J.-B. de) déclare n'avoir pris la qualité d'écuyer qu'à

cause de sa charge de lieutenant-criminel. — Déchargé, 6 février 1698.

99. CLOT (Jac.), conseiller au présidial, ne prétend pas soutenir noblesse, mais attendu les actes où il s'est qualifié écuyer, — déclaré usurpateur, condamné, 6 février 1698.

100. GESSON, sieur de Cornavan (Cl.), ne s'est qualifié écuyer qu'en qualité de chevalier de St-Lazare; défense de se dire à l'avenir, écuyer. — Déchargé, 6 février 1698.

101. DESMARETZ DE GLAREINS (Louis) n'a pris la qualité d'écuyer que comme héraut d'armes; défense de se dire à l'avenir, écuyer. — Déchargé, 6 février 1698.

102. PILLOTTE DE LA BAROLLIÈRE (Abrah.) est gentilhomme-servant panetier de madame la Dauphine. — Déclaré usurpateur de la qualité d'écuyer avant sa provision, condamné, 6 fevr. 1698.

103. JANON (Ant.) — Déclaré usurpateur, condamné par défaut, 6 février 1698.

104. JANON (Hugues), conseiller au présidial. — Déclaré usurpateur, condamné par défaut, 6 février 1698.

105. MICHON (Ant.), sieur de Dommartin, ne prétend pas soutenir noblesse. — Déclaré usurpateur, condamné, 6 février 1698.

106. CHAVANNE (Marie-Cath.), veuve Marcellin Poncet, n'a pas pris la qualité depuis le décès de son mari. — Déchargée, 6 février 1698.

107. MOIGNIAT (Louis), opposant au jugement du 11 juin 1697, a présenté les provisions de l'office de héraut d'armes dont il était pourvu lors des actes produits contre lui, et déclare qu'il n'a pris la qualité d'écuyer qu'en vertu de celle de héraut; mais attendu le rôle arrêté au conseil où il est compris, — Ordonné qu'il se pourvoira devant S. M., 15 février 1698. V. 77.

108. PALERNE (Phil.), son aïeul Gabriel P., trésorier de France en 1651, son père Léonard P., mort revêtu de cet office. — Maintenu, 12 mars 1698.

109. VINCENT DE PANETTES (Fr. de) produit le certificat de M^e Dugué, 16 juillet 1668, en sa faveur. — Maintenu, 19 mars 1698.

110. SOISSON (Fr.) est fils de Jean S., secrétaire du roi, mort en charge, 1692. — Maintenu, 17 mai 1698.

111. GRASSI (Fr. de) a produit le certificat du grand duc de Florence, portant que sa famille est noble. — Justifiera dans six mois de sa filiation et extraction, 17 mai 1698.

112. MAI (Cath.), veuve Jean Basset; son mari était fils de François B., échevin, 1646. — Déchargée, 17 mai 1698.

113. GROSLIER DE SERVIÈRES (Ch.), son bisaïeul, François G., était secrétaire du roi en 1551. — Maintenu, 24 mai 1698.

114. ALLERY (P.-Jos. d'), capitaine réformé à la suite du rég^t de Nice, a produit sa commission de mai 1695, ne s'est qualifié écuyer que par rapport au service.

115. DESBROSSES, sieur de Chazereux (Jean), a produit des titres depuis 1535 commençant à Ponthus D., sieur d'Escros, son trisaïeul; M^e Dugué l'a déclaré, lui et son frère Luc D., usurpateurs, le 13 juin 1667, en a appelé au conseil. — Renvoyé par devant S. M., 12 juin 1698. V. 2, 186.

116. PENET DE LA MASSONIÈRE (J.) est de la Dombes et son père décédé secrétaire au Parlement. — Déchargé, 13 juin 1698.

117. PHILY (Clément-J.) est fils de Charles P., conseiller vétéran au parl^t de Dombes. — Déchargé, 13 juin 1698.

118. BOUILLOUD DE FÉTAN (Gasp.) est fils d'André B., décédé secrétaire au parl^t de Dombes, 1653. — Déchargé, 13 juin 1698. V. 34.

119. LANDRY (P.) est fils de Aimé L., capitaine au rég^t lyonnais, petit-fils de Louis L., conseiller au présidial, échevin en 1622, arrière petit-fils d'un autre échevin en 1615. — Maintenu, 20 juin 1698.

120. DAVEYNE, sieur de Chavannes (Barth.), descend de Edouard
D., échevin 1562, père de Jacques D., trésorier de
France, père d'autre Jacques D., procureur du roi, père
de Jacques D., conseiller au présidial, père de l'assigné.
— Maintenu, 20 juin 1698.

121. TERRASSON, sieur de la Menue (Cl.), n'entend pas soutenir
noblesse, dit que la qualité d'écuyer lui avait été donnée
par inadvertance. — Déclaré usurpateur, condamné à
l'amende et à 3 livres de dépens, 21 janvier 1699.
V. 198.

122. BERAUD AMIOT D'ALBIGNY (Fr.-Oliv.) a soutenu et n'a pas
justifié descendre de Clément Amyot, échevin en 1531,
et produit des titres suspects. — Déclaré usurpateur,
condamné à l'amende et à 66 livres de dépens, 21 janv.
1699.

123. RONZAULT (Charlotte), veuve de Melchior de la Menue, ne
soutient pas d'autre qualité, ni exemption que celle de la
bourgeoisie de Lyon. — Déchargée, 21 janv. 1699.

124. MICHAUD (Marg.), veuve de Jacques Jacmeton, sieur de la
Menue, même déclaration que la précédente. — Déchargée, 21 janv. 1699.

125. GAY (J.-Cl.), n'entend soutenir noblesse, est bourgeois de
Lyon, écuyer par inadvertance. — Déclaré usurpateur,
condamné, 21 janv. 1699.

126. GIMEL, sieur du Colombier (Louis de). — Déclaré usurpateur, condamné par défaut, 21 janvier 1699.

127. VAZEILLE (Simon). — Déclaré usurpateur, condamné par
défaut, 21 janvier 1699.

128. POLLOUD DE FOISSINS (Fr.-Scip. de). — Déclaré usurpateur,
condamné par défaut à l'amende et à 30 livres de dépens,
21 janvier 1699. V. 139.

129. RICHARD, sieur du Colombier (Gasp.). — Déclaré usurpateur, condamné par défaut à l'amende et à 30 livres de
dépens, 21 janv. 1699.

130. GAYOT (Paul) est fils de Louis G., trésorier de France, pré-vôt des marchands, 1681. — Maintenu, 26 février 1699.

131. GUESTON, comte de Châteauvieux (Barth.) est fils de Phi-lippe G., secrétaire du roi, maintenu par MM<sup>rs</sup> Bouchu et Dugué en 1669. — Maintenu, 26 févr. 1699.

132. COUVET, comte de Montribloud (J.-B. de) est fils de Antoine de C., maintenu par M<sup>e</sup> Dugué, le 6 avril 1669. — Maintenu, 19 mars 1699.

133. FLORIS, sieur de Versaillieu (Jean de), maintenue par M<sup>e</sup> de Seraücour, intendant de Berry, le 14 février 1699, en faveur de Henri de F., ex-gendarme de la Garde, père de l'assigné. — Maintenu, 11 avril 1699. V. 88.

134. MURARD DE MONTFERRAND (Hugues de), ci-devant conseiller au grand Conseil et MURARD (André de) ont justifié avoir pour bisaïeul Pons M., échevin en 1574 et avoir toujours vécu noblement. — Maintenus, 11 avril 1699.

135. LORAS, sieur de Chamanieu et de Pollionay (Louis de) descend de Gaspard de L., écuyer, son trisaïeul qui testa en décembre 1559. — Maintenu, 12 juin 1699.

136. GLATIGNY (Gab.), avocat du roi au présidial, déchargé de l'assignation; assigné de nouveau; vu l'extrait d'un autre acte où il est qualifié écuyer, — Déclaré usurpateur de noblesse avant de l'avoir acquise par l'échevinage, con-damné par défaut, 12 juin 1699. V. 97.

137. GUILLIEN DE SALA DE MONTJUSTIN, sieur de la Chassagne (Jos. de), a produit des lettres de légitimation, juin 1659, comme issu de Jérôme de G. et de Fiacre Charpin, fille d'honnête condition, ledit Jérôme, capitaine au rég<sup>t</sup> Mazarin, fils de Jean de G., chevalier. — Déclaré usur-pateur, condamné, 17 juin 1699.

138. TOURNU (Justinien), lieutenant-général du prévôt de la monnaie, n'entend pas soutenir noblesse et déclare n'avoir pris la qualité d'écuyer qu'à cause de son office. — Déchargé, 17 juin 1699.

139. POLLOUD DE FOISSINS (Fr.-Scip. de), condamné par défaut; s'oppose au jugement; expose qu'il produit ses titres à Grenoble, avec son oncle Arnaud de P., sieur de St-Aignin, produit la copie du jugement de M<sup>e</sup> Dugué, 1667, en faveur dudit Arnaud et du père dudit Scipion. — Se pourvoira au Conseil, 4 septembre 1699. V. 128.

140. FRÈRE, sieur de Cherfetain (Et.), descend de son bisaïeul Pierre F., échevin en 1566. — Maintenu, 24 sept. 1700.

141. CHAMBAUD, sieur de Bavas (Fr. de), a produit un jugement de M<sup>e</sup> de Bessons, intendant du Languedoc, 15 janv. 1671. — Maintenu, 14 mars 1701.

142. ROCHEFORT (L<sup>s</sup>-Hect.-Melch. de) a pour quatrième aïeul Benoît de R., échevin en 1516. — Maintenu, 14 mars 1701.

143. BROAL (Ant.) n'a pas pris d'autre qualité que celle de noble sans vouloir soutenir noblesse. — Déchargé, 14 mars 1701.

144. MARRON (J.-B. de) et Claudine Cozon, veuve de Cyprien de M., ont produit des lettres de noblesse du duc de Savoie, 4 mai 1656, en faveur de Cyprien de M., naturalisé par lettres de mai 1664, gentilhomme et capitaine de cavalerie. — Maintenu, 14 mars 1701.

145. SUYDERAU, sieur de Salines (Aymard de), descend de Léonard de S., conseiller au Parl<sup>t</sup> de Bordeaux, père de Pierre de S., conseiller au même Parlement, père de Jean de S., marchand à Limoges, père de Pierre de S., qui obtint des lettres de réhabilitation, janv. 1659, père de l'exposant. — Maintenu, 14 mars 1701.

146. FORE DE LA BENAUDIÈRE (Vincent de) n'entend pas soutenir noblesse. — Déchargé.

147. GAYOT (J.-B.) est fils de Benoît G. et de Lucrèce de Belly, famille d'échevins; a payé la taxe de 6.000 livres. — Maintenu, 23 juin 1701.

ETAT DES NOUVELLES ASSIGNATIONS QU'ON A DONNÉES AU SUJET
DE L'USURPATION DU TITRE DE NOBLESSE.
*22 février 1704.*

---

148. Duchol (Ch.), de Villefranche. V. 61.
149. Beaumont (le sieur de), confirmé dans sa noblesse, 15 avril 1706.
150. Tricaud (Louis), de Montceau, demeurant à St-Cyr-les-Vignes. V. 36.
151. La Mure-Magnieu (le sieur de) et ses fils. V. 187.
152. Perrin (Ch.), bourgeois de Lyon.
153. Marclost, de la Maisonfort.
154. Bergiron, de Fontenailles.
155. Mangot.
156. Fronton.
157. Lebeau (J.-Fr.), misérable.
158. Fiot (Fr.).
159. Lacheron (Cath.), veuve de David de Phélines, sieur de la Chartronnière. V. 4.
160. La Porte (Hilaire de), seigneur de La Forest, certificat de Me Dugué. — Maintenu, 1er juin 1707. V. 182.
161. Guillermin (Fr.).
162. Fabry, sieur des Plaines (Jac.), visiteur des Gabelles. V. 15.
163. Ducreux (Marie-Anne), veuve de Jean Darras, écuyer, sieur d'Aveize, demeurant à Montagny. — Sursis par ordre de l'intendant à la sollicitation du R. P. La Chaise.
164. Bessie (Alex.), assesseur en la maréchaussée de Villefranche. La déclaration du roi, 6 mars 1692, permet aux officiers de la maréchaussée de prendre la qualité d'écuyer tant qu'ils possèdent l'office.

165. DUBOST (Xav.), président en l'élection de Villefranche, a joint sa qualité de président à celle de noble. — Déchargé, 14 mai 1706. V. 14.

166. EPINAY (J. d'), élu à Villefranche, a joint sa qualité d'élu à celle de noble. — Déchargé 14 mai 1706.

167. ROLLAND de la Platière (J.-B.), assesseur élu à Villefranche.

168. BERTIN (Oudart), élu à Villefranche.

169. SEVERAT (Nic. de).

170. MAUPERTUYS (de), demeurant à Condrieu, a obtenu trois mois de délai pour rapporter ses titres.

171. FRANÇOIS (Jac.), bourgeois.

172. VALPRIVAS (la dame Ve de), demeurant à Montbrison.

173. CHAULES (Guill.), demeurant à St-Bonnet-le-Château.

174. LA MINARDIÈRE (le sieur de), demeurant à Roanne.

175. COURTIN DE NEUFBOURG, à Roanne. V. 21.

176. COURTIN DE CHATEAUNEUF, à Roanne.

177. COURTIN DE ST-VINCENT, à Roanne.

178. NOMPÈRE DE NANTILLÈRE (le sieur de), du lieu d'Ambierle.

179. LA MARTINIÈRE D'ORNAISON (le sieur de), vu le certificat de M. le duc de Rohan, constatant qu'il est gendarme de la garde. — Déchargé, 9 juin 1706.

180. MONTCHANIN-LA-GARDE (le s. de) sieur de Gatellier, demeurant à St-Denis-de-Cabane.

181. LECOURT, sieur de Charbonnières (O.), V. 10.196.

182. LA PORTE (Jac. de), à Charlieu. V. 160.

183. LA BLANCHE, sieur du Bost (Ch.), à Lestra.

184. HUGALIS (Jean), capitaine-enseigne des arquebusiers de Lyon, attendu qu'il exerce actuellement l'art de maître-teinturier, et qu'il n'a pris aucune qualité. — Déchargé et renvoyé, juillet 1708.

185. GARBOT (Louis), écuyer, sieur de Chatenay, descend d'un échevin, 1544. — Maintenu, 7 sept. 1707.

186. DESBROSSES D'ESCROT, écuyer, produit des lettres de réhabilitation et la quittance de finances, le jugement de l'in-

tendant du 27 juin 1697. — Maintenu, 17 juillet 1708.
V. 2-115.

187. La Mure, sieur de Chantois (Pierre), produit des lettres
d'honneur (1er juill. 1662) données à Marc-Antoine
de L., son père, secrétaire du roi. — Maintenu, 17 juillet
1708. V. 151.

(Sur une feuille volante.)

188. Basset de Montehac (Raymond) descend de François
Basset, échevin, 1646. — Maintenu, 12 juin 1706.
V. 193.

189. Rozier (Ch.-Fr. du) descend d'Arnoult du R., anobli en
1654 et confirmé en 1667. — Maintenu, 2 nov. 1706.
V. 63.

190. Dubois (Cl.-L.) dit qu'il est fils de Antoine D., écuyer,
sieur de Fretière, lequel justifia de sa qualité depuis
Jean D., capitaine au château de Saint-Trivier en 1545
et fut maintenu par Me Bouchu, intendant de Bourgogne,
le 7 mai 1669 ; autre jugement de maintenue par
Me Ferrand, du 20 nov. 1698.

191. Blanchet (Paul), sieur de Rodon, condamné par défaut,
fit appel devant les commissaires généraux, obtint un
arrêt qui convertit l'appel en opposition, produit sa
filiation depuis son bisaïeul, Jean B., lieutenant au siège
de Roanne. — Conclusions du procureur du roi, Lava-
lette, pour la condamnation, 1er octobre 1700. V. 7.

192. Ferré (Fr. de) ne s'est pas présenté, n'a rien produit, a
pris la qualité d'écuyer. — Conclusions du procureur du
roi, pour la condamnation, 16 juin 1701.

193. Basset (Ch.), maire de Roanne. — Conclusions du procureur du roi, pour la condamnation, 7 janvier 1704.
V. 188.

194. MARTIN (Claude), conseiller à Montbrison, a déclaré n'avoir aucun titre de noblesse et n'avoir pris la qualité de noble qu'à cause de son office. — Conclusions du procureur du roi pour la condamnation à l'amende et à la restitution des tailles, 28 mars 1704.

195. PURE (Jac. de), écuyer, condamné par défaut, s'opposa au jugement, établit sa descendance depuis Michel de P., échevin, 1595. — Maintenu par l'intendant Guyet, 21 mai 1704.

196. LECOURT DE CHARBONNIÈRE (P.), condamné par défaut, le 31 janv. 1707, produit les lettres de confirmation de noblesse obtenues par Julien L., sieur de Pluvy, et La Garde, en décembre 1697. Le 12 avril 1717, ces lettres furent exemptées de l'Édit et le Conseil d'Etat défendit de troubler l'assigné dans son privilège. V. 10-181.

---

197. RONZEAU (Georges de), secrétaire du roi pendant 27 ans, a produit lettres de noblesse du 20 sept. 1668, avait été déchargé en 1663. —Maintenu, 20 mai 1697. V. 73 (1).

198. TERRASSON, ancien conseiller au présidial, a renoncé à la noblesse, 13 sept. 1703. — Sera déchargé après payement de 300 livres et des 2 sols par livre. V. 121.

199. RIVAL DE LA THUILLIÈRE (Jac.), maître particulier des eaux et forêts. —Déclaré usurpateur et condamné à l'amende, 28 janv. 1716.

---

(1) Ce jugement et les suivants sont dans un autre dossier, C. 146.

# TABLE

DES NOMS MENTIONNÉS DANS LA RECHERCHE

———

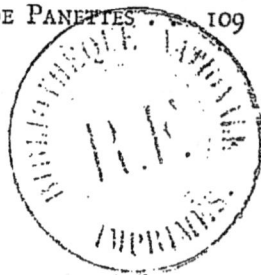

Lyon. — Mougin-Rusand, typ.

Lyon. — Mougin-Rusand, typ.

www.ingramcontent.com/pod-product-compliance
Lightning Source LLC
LaVergne TN
LVHW022203080426
835511LV00008B/1544